POOM - Cuorepuro
Il bello di essere se stessi.
Le leggende di IOTUNOI.
Collana: Crescendo

Testi: The Incagnolis
Illustrazioni: The Incagnolis

©2024 The Incagnolis
lele.incagnoli@gmail.com
www.theincagnolis.it

Le leggende di IOTUNOI

BOOM
Cuorepuro

THEINCAGNOLIS

Ciao, siamo **The Incagnolis**, una famiglia di appassionati di libri, composta da **padre, madre e due figli, uno dei quali è Edo, il nostro figlio autistico.**
Con Edo, abbiamo deciso di **intraprendere un viaggio nella scrittura**, coinvolgendolo nella creazione e nella stesura dei nostri libri.
È proprio grazie al suo contributo che le nostre storie sono così uniche e "stravaganti".

Scrivere insieme è per noi un modo speciale per condividere la nostra passione e per dare voce a una creatività che non conosce confini.

Buona Lettura.

In un angolo remoto dell'universo, esisteva un mondo incantato. Le foreste maestose sovrastavano case di ogni forma e dimensione, creando un paesaggio magico e misterioso. Gli alberi erano così alti da toccare il cielo, con foglie che brillavano di mille colori, creando un arcobaleno di luci tra i rami. In questo luogo, ogni giorno era un'avventura. **I ruscelli cantavano melodie dolci mentre scorrevano tra le rocce radiose**, e i fiori sussurravano segreti al vento. Le case erano costruite tra i rami degli alberi o scavate nelle colline dorate, **decorate con liane fiorite e lanterne fatate. La vita era serena e piena di magia.**

C'erano tanti luoghi magici e fatati in questo piccolo angolo di universo.

Uno di questi era la *Montagna di Panna Gialla,* una vera e propria *montagna interamente composta da panna soffice e gialla.* Su questa montagna sorgeva la città dei Coni, un luogo straordinario dove le case avevano la forma di coni e galleggiavano leggermente sulla superficie di panna, senza mai sprofondare. La Montagna di Panna Gialla era un luogo dolce e incantato, *famoso per il miglior gelato del mondo.*

*L*e creature che vivevano lì ***passavano le giornate a produrre gelati di ogni gusto e colore***, rendendo la città un posto sempre pieno di gioia e allegria.

I profumi dolci e invitanti si diffondevano per tutta la montagna, attirando visitatori da ogni angolo del mondo magico.

*1*n questo mondo dove *tutto era possibile*, oltre ai luoghi magici, esistevano anche città piene di vita e palazzi altissimi, costruiti nei posti più incredibili. Una di queste città si chiamava Isolaabitata, una piccola isola che **galleggiava in mezzo al mare**, ma che era densamente popolata da palazzi alti e stretti, accostati l'uno all'altro.

Nonostante le sue ridotte dimensioni, Isolaabitata brulicava di vita. **Le strade erano sempre affollate, piene di voci e risate, e i palazzi si stagliavano verso il cielo, come se cercassero di toccare le nuvole.** *Ogni angolo dell'isola era animato da un'energia frenetica* e contagiosa, che rendeva questo luogo unico e affascinante, diverso da qualsiasi altro nel mondo magico.

Girovagando per questo incredibile universo, proprio in **quell'angolo nascosto, dove nessuno guardava mai**, si trovava una grande grotta dal contenuto misterioso. La grotta si ergeva fiera vicino alla *Cuormontagna*, una montagna dalle forme sinuose e avvolgenti, e *nei pressi del Fiume d'Erba*, un corso d'acqua unico, le cui onde erano fatte di fili d'erba che ondeggiavano dolcemente.

Nessuno aveva mai avuto il coraggio di addentrarsi in quella grotta. Dal suo interno, spesso provenivano strani suoni, a volte dolci e melodiosi, altre volte profondi e inquietanti. *La grotta sembrava celare segreti antichi, e la sua presenza enigmatica suscitava curiosità e timore in chiunque la scorgesse da lontano.*

$\mathcal{A}$nche se nessuno aveva mai varcato la soglia della grotta, noi lo faremo. *Sì, qui inizia il nostro viaggio,* un'avventura nel cuore della *Cuor-montagna.* **Ci addentreremo nel mistero e scopriremo quale creatura oscura si nasconde al suo interno.** *Preparate le torce, infilate i caschetti e armatevi di coraggio, cari lettori e care lettrici.*

Il sentiero sarà tortuoso e l'oscurità profonda, ma insieme esploreremo ogni angolo di questa grotta misteriosa.

Inizia
il nostro
viaggio!

Il segreto della Cuormontagna

TADAAAAAA!

Siamo pronti ad entrare nella *Cuormontagna* e a scoprire tutti i segreti che si celano al suo interno.

L'aria è rarefatta, e mentre ci avviciniamo all'ingresso, la tensione cresce. *Le gambe ci tremano, ma dentro di noi c'è coraggio.*

Questo è il momento di andare avanti.

Mmm... Cos'è questo suono?

Un fruscio leggero, quasi impercettibile, si fa strada tra le pareti della grotta.

All'improvviso, dall'ingresso della Cuormontagna, **schizza fuori un'ombra blu.**

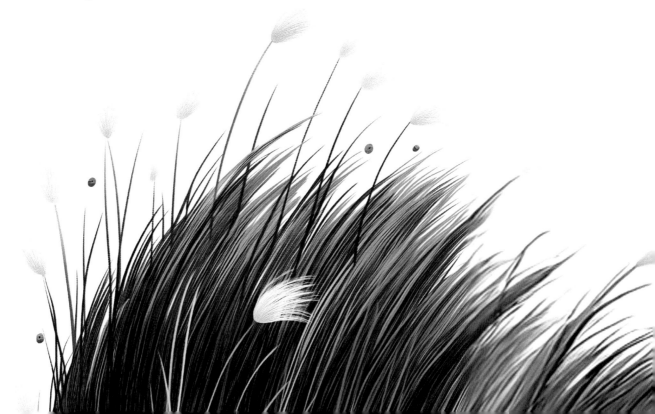

*D*avanti a noi si para un essere mai visto prima: un piccolo diavoletto blu con una faccia furba e un sorriso enorme. Non sta fermo un attimo, *si muove da destra a sinistra senza sosta.* Un momento è su un albero, il successivo sta mordicchiando una roccia, e poi lo vediamo immerso nel lago. È talmente veloce che facciamo fatica a seguirlo con lo sguardo.

"Ciao! **Io sono Poom!** E voi come vi chiamate?" esclama con entusiasmo, senza darci il tempo di rispondere. *Prima ancora che possiamo dire una parola, schizza via dietro una siepe e sparisce alla nostra vista.*

Rimaniamo di sasso dopo aver visto quell'essere così elettrico uscire dalla Cuormontagna, trotterellare in giro e poi sparire senza lasciare traccia. Non sappiamo cosa fare, ancora scossi da quell'incontro fulmineo.

All'improvviso, una strana coppia di animali del bosco viene in nostro soccorso.

Un piccolo scoiattolo dagli occhi rossi di nome **Tul** si avvicina, seguito da **Elle**, quella che tutti chiamano Falina, un maialino nero con ali dolci da fatina.

"Quello è un Cuorepuro..." esordisce Tul, con un tono serio.

"Già, non se ne vedono da anni di Cuorepuro," ribatte Elle, con un piccolo battito d'ali.

Cuorepuro?

La storia

dei Cuorepuro

*T*ul si sistema sul ramo di un albero vicino, mentre **Elle si avvicina battendo delicatamente le sue ali** da fatina. Entrambi si guardano per un attimo, poi Tul inizia a parlare con una voce carica di nostalgia.

"I Cuorepuro sono degli esseri speciali, ma anche fuori dal comune, e non sempre in senso positivo," racconta *Tul, il tono della sua voce è grave e dolce allo stesso tempo.*

"Si chiamano così proprio perché il loro cuore non conosce impurità, oscurità o cattiveria," aggiunge Elle.

"Tutto ciò che fanno è dettato dall'istinto, ma questo spesso li ha messi in difficoltà perché non venivano capiti dagli altri esseri viventi."

Tul annuisce lentamente. *"Hanno sempre vissuto isolati, nascosti in villaggi remoti e angusti, lontano dagli occhi di chi non poteva comprenderli.* **Il loro mondo era fatto di purezza, ma anche di solitudine."**

"**M**a perché queste creature mitologiche non erano ben capite dagli altri?" prosegue Tul, riflettendo ad alta voce.

"Be', perché dicevano sempre la verità. E spesso, la verità non è ciò che la gente vuole sentirsi dire."

Elle annuisce, spiegando: "**La verità dei Cuorepuro era pura e diretta, senza filtri.**

Ma questo poteva sfociare in qualcosa che gli altri vedevano come maleducazione. *Non perché fossero cattivi, ma perché esistono tanti tipi di verità,* e non tutte sono sullo stesso piano." Tul sospira, continuando:

"Per i Cuorepuro, la verità era tutto. Ma per gli altri, a volte, quella sincerità era troppo dura da accettare."

"La sincerità brutale non era l'unico problema dei Cuorepuro," continua Tul, guardando Elle con un sorrisetto. "C'era anche la loro iperattività. Non stavano fermi un secondo, proprio come l'essere che abbiamo visto uscire dalla Cuormontagna."

Elle ride dolcemente. "Correvano, saltavano, mordicchiavano, strappavano... e non si rendevano nemmeno conto di quanto fossero veloci, nonostante la loro importante mole. Per i Cuorepuro, era normale comportarsi così."

Tul si gratta la testa, ricordando: **"Ma questo spesso causava guai.**

Rovesciavano bancarelle, facevano cadere persino alberi, tutto senza volerlo davvero."

1

Cuorepuro avevano **sempre il sorriso ben evidente sul loro volto**, e questo era forse il punto di maggior rottura con gli altri esseri. ***Quel sorriso perpetuo faceva sì*** che sembrassero strafottenti e dispettosi, ma in realtà, erano proprio così.

Come suggerisce il loro nome, erano esseri puri, senza barriere, senza preconcetti, e senza la minima idea di cosa fossero i sentimenti negativi. *Vivevano con una gioia genuina e spontanea, che non conosceva ombre.*

Ma non tutti credevano a questa *"storiella"*. Molti li etichettavano come *"cattivelli"*, vedendo solo il caos che lasciavano dietro di loro, e cercavano di evitarli il più possibile.

Chi aveva ragione?

Questa loro natura, nel tempo, ha impedito ai Cuorepuro di integrarsi a dovere con il resto della società. Erano troppo irruenti, troppo voraci e troppo sinceri.

E quindi? Chi aveva ragione? I Cuorepuro erano davvero cattivelli, o erano solo naturalmente incapaci di essere "calmi"?

Be', la risposta è semplice.

Col tempo si è scoperto che i Cuorepuro avevano una piccola deformazione alla nascita.

Qualcosa nel loro cuore, appunto, funzionava diversamente dagli altri...

Ecco, per fare un esempio con ciò che conoscete, *i* Cuorepuro erano, diciamo, autistici.

Elle
spiega
l'autismo

Elle, il maialino dalle ali di fata, *si siede accanto a noi, pronta a spiegare qualcosa di molto importante.*

"Cos'è l'autismo? *Vediamo, vediamo... Come possiamo spiegarlo,*" riflette Elle, battendo piano le ali.

"Mettiamola così: una persona o un essere autistico è una persona nata, come detto prima, con un cuore differente e un modo di vedere la vita diverso da tutti gli altri. *Spesso, come i Cuorepuro, non hanno nessun tipo di barriera che possa regolare la loro irruenza.* Questo può coincidere con una serie di comportamenti che sembrano bizzarri, ma in realtà, per loro, sono normalissimi."

Elle sorride dolcemente.

"E questo perché sono normali, ma vivono una normalità tutta loro. Una normalità che è unica e speciale, proprio come il loro cuore."

"Ma poi, questa normalità, cos'è?" continua Elle, inclinando la testa con curiosità.

"Chi decide cosa è normale e cosa no?" Questo è un punto fondamentale che accomuna i Cuorepuro con l'autismo. Loro non si preoccupano di sembrare normali, si preoccupano solo di essere loro stessi.

Anzi, non si preoccupano affatto. Sono loro stessi e basta, senza pensare a come appaiono agli altri, senza cercare di cambiare per adattarsi.

Questa è la loro forza, e anche la loro sfida.

"Certo, però, avere a che fare con un Cuorepuro non è affatto semplice, soprattutto se non si conosce la loro natura," spiega Elle, con un tono più serio.

"È in qualche modo, anche per loro questo è un serio problema."

"Sono stati cacciati da tutte le città in cui hanno vissuto," aggiunge Tul, che ascoltava in silenzio, "fino a essere isolati e schivati da tutti."

"Purtroppo, la sensibilità si scontra spesso con la paura che i Cuorepuro incutono al loro passaggio," continua Elle, scuotendo la testa. "Andiamo, sono dei diavoletti, pelosi e con denti grossi. **È quasi istintivo avere paura di loro.**

Anche se non lo fanno apposta, il loro aspetto e il loro comportamento spaventano chi non li conosce."

Che abbraccioni però che donavano e donano i Cuorepuro!

Loro erano così: *chiunque fosse sulla loro strada riceveva un abbraccio. Era come un rituale per loro, un gesto semplice ma carico di significato.*

Si narrava che il loro cuore, per battere, avesse bisogno di sentire i battiti degli altri cuori. *Stare a contatto con qualsiasi essere vivente era necessario affinché il loro cuore continuasse a battere, capisse come farlo.*

Questa leggenda, a quanto pare, è vera!

Non è incredibile?

Un abbraccio, per loro, non era solo un gesto di affetto, ma un bisogno vitale, una connessione che permetteva al loro cuore di *sincronizzarsi con il mondo.*

Questa loro necessità, *quella di ricordare al cuore come battere,* era una peculiarità molto rara, anzi unica, un po' come tutto il resto dei Cuorepuro. Avendo un cuore "sbadato," erano costretti ad abbracciare continuamente altri esseri viventi, anche se avevano appena combinato un "guaio." Come quella volta che Momo Cuorepuro, **correndo ad una velocità folle, sfondò la casa di Mastro Miele,** un artigiano che gestiva un piccolo ospedale per api in difficoltà. *Mastro Miele si arrabbiò tantissimo,* il suo viso si fece rosso come un pomodoro.

Ma non fece in tempo a sgridare Momo che si ritrovò stretto in un abbraccio, *il grosso Cuorepuro incollato alla sua schiena, con quel solito sorriso.*

*P*urtroppo, però, nonostante questa loro espansione affettiva, che i *Cuorepuro* non conoscevano fino in fondo, la loro natura li portava a essere fraintesi. **Per loro, abbracciare era solo un istinto, una necessità emotiva, qualcosa che facevano senza sapere quanto fosse fondamentale per il loro corpo.**

Ma, anche con questa loro spiccata affettività, i loro comportamenti eccessivi, i danni che causavano, e le loro bizzarrie, li condussero all'esilio da ogni città conosciuta.

Nessuno riusciva a tollerare la loro irruenza, e così, un po' alla volta, furono allontanati e isolati.

La fine dei Cuorepuro

*1*n pochi anni, i **Cuorepuro furono allontanati da tutte le città cono- sciute** e costretti a rintanarsi in luoghi remoti e iso- lati: vecchie caverne, boschi fitti e terre dimenticate. *Nessuno più tollerava la loro diver- sità, la loro natura così unica e in- compresa.*

E così, ***pur godendo di un immutabile buonu- more***, i **Cuorepuro iniziarono a sof- frire.**

Per la prima volta, quel sorriso perenne iniziò a spe- gnersi. *Cominciarono a sentirsi soli, abbandonati in un mondo che non riusciva ad accettarli per quello che erano davvero.*

Ma c'era un problema. I Cuorepuro, per sopravvivere, avevano bisogno di abbracciare altri esseri viventi, e non potevano farlo tra loro stessi. **Dovevano per forza ricordare al loro cuore come battere stringendo forte altre creature.**

Così, ogni tanto, qualche Cuorepuro usciva dalle caverne o dai piccoli villaggi isolati in cui si erano rifugiati e iniziava a inseguire chiunque incontrasse, alla ricerca disperata di un abbraccio. Ma questo atteggiamento così irruento, unito alle storie che si narravano su di loro e al loro aspetto, metteva in fuga chiunque li incrociasse. Nessuno voleva essere avvicinato da loro, anche se tutto ciò che volevano era solo un semplice abbraccio.

1

loro goffi e confusi tentativi di abbracciare chiunque, però, **non andarono a buon fine.** Ormai tutti avevano paura di loro, e nessuno osava avvicinarsi.

Così, purtroppo, i Cuorepuro iniziarono a estinguersi. Anzi, a... Sciogliersi.

Sì, perché quando **i Cuorepuro** non riuscivano più ad alimentare il loro cuoricino, **non morivano come gli altri esseri.**

Diventavano acqua, pura e limpida, che oggi scorre in molti fiumi del nostro universo.

E fu così che **i Cuorepuro** sparirono.

Le loro apparizioni divennero sempre più sporadiche e mitologiche, fin quando *nessuno li avvistò mai più.*

Le leggende su di loro continuarono a circolare, ma di loro, in carne e ossa, non si ebbe più traccia.

Tanti esploratori si misero sulle loro tracce, tra cui anche **Selomone, l'Elfo Camminatore, uno dei più grandi esploratori dell'universo.**

Cercò in lungo e in largo, esplorando ogni angolo remoto per trovare traccia dei Cuorepuro, ma senza successo.

Al loro posto trovò solo tanta acqua e strani alberi arancioni, che sembravano custodire i segreti di quelle creature ormai scomparse.

Selomone seguì tutti gli indizi necessari per trovare i Cuorepuro. Ogni volta che sembrava vicino a scoprire uno dei loro villaggi, si trovava invece di fronte a un piccolo lago e a degli alberi arancioni, dalle forme più disparate. *L'acqua era qualcosa che si aspettava di trovare, ma gli alberi? No...*

Quelli erano un mistero.

Incuriosito e determinato a svelare questo enigma, *Selomone decise di indagare ancor più a fondo.*

Si avvicinò agli alberi, osservandoli attentamente.

Le loro foglie brillavano di una luce tenue, **e il vento che soffiava tra i rami sembrava sussurrare segreti antichi.**

1 ncuriosito e insospettito da quei meravigliosi albe-ri, Selomone raccolse alcune foglie e decise di portarle all'unico essere che poteva saperne qualcosa: **Lo Gnomante.**

Lo Gnomante era uno gnomo gigante, saggio e antico.

I suoi anni erano sconosciuti, ma si narrava che la sua età fosse la stessa dell'intero universo. Era grande, con una lunga barba e baffi bianchi, e un naso rosso e tondo che spiccava sul suo volto.

Non appena Lo Gnomante vide le foglie arancioni, i suoi occhi si spalancarono e con voce calda esclamò:

"Ah, quindi si sono estinti? Queste sono le foglie di corno di Cuorepuro, alberi che nascono e proliferano dai corni ormai abbandonati dei Cuorepuro."

*L*o Gnomante e Selomone iniziarono a passeggiare nel bosco dietro la capanna dell'anziano gnomo

"Vedi, mio piccolo amico, ho un gran dispiacere nel cuore," iniziò Lo Gnomante, con un tono grave ma dolce.

"I Cuorepuro erano esseri incredibili, unici e fondamentali per il nostro universo, perché trasmettevano l'amore senza filtri, senza baratto."

"Baratto?" chiese Selomone, confuso.

"Sì," rispose Lo Gnomante con un sorriso triste. "L'amore spesso viene scambiato. *Capita molte volte che si ami con 'un perché'. Ti amo perché mi fai sorridere, ti amo perché mi aiuti, ti amo perché mi fai emozionare. E non c'è niente di male in questo...* Ma, nessuno amava come i Cuorepuro senza 'un perché'. **Il loro amore era spontaneo, vero, primordiale, e questo li rendeva fondamentali,** anche se il loro aspetto e il loro modo di fare, ah ah ah ah... Non erano dei più eleganti."

Lo Gnomante si fermò e guardò verso il cielo.
"Si ama perché è bello amare, questo era il messaggio dei Cuorepuro."

*L*o Gnomante continuò a camminare lentamente nel bosco, mentre Selomone lo seguiva attento. "Vedi, Selomone," riprese il saggio gnomo, *"l'amore naturale, quello spontaneo che non chiede nulla in cambio, si diffonde molto più velocemente dell'amore con i 'perché'.* È come una brezza leggera che si trasforma in vento, come tante nuvole amorose che invadono il mondo, coprendo ogni angolo con la loro dolcezza."

Si fermò un attimo per osservare le foglie arancioni che cadevano dagli alberi. *"E anche se non sembrava, il ruolo dei Cuorepuro era proprio questo.* Erano speciali, esseri speciali.

Il loro amore, puro e senza condizioni, si propagava ovunque.

Un esempio che non è stato compreso.

Poom!

*D*opo aver salutato Lo Gnomante, *Selomone ri-partì per tornare a casa,* ma con una nuova consapevolezza e una nuova voglia nel cuore: ꜰᴀʀᴇ ᴄᴏᴍᴇ ɪ ᴄᴜᴏʀᴇᴘᴜʀᴏ, ᴀᴍᴀʀᴇ ᴘᴇʀᴄʜᴇ́ ᴀᴍᴀʀᴇ ᴇ̀ ʙᴇʟʟᴏ.

Così, ogni volta che incontrava una creatura lungo il suo cammino, Selomone la abbracciava. All'inizio, chi riceveva l'abbraccio rimaneva sorpreso, ma pian piano quel gesto iniziò a diffondersi spontaneamente. *Un abbraccio dopo l'altro, Selomone portava avanti il messaggio dei Cuorepuro, trasmettendo quell'amore puro e senza condizioni che aveva imparato a conoscere.*

Tul, lo scoiattolo dagli occhi rossi, si rivolge ai suoi ascoltatori con un tono solenne. *"È così, ragazzi, questa è la storia dei Cuorepuro..."* dice, allargando le braccia in un gesto ampio.

Fa una pausa, lasciando che il peso delle sue parole si posi su di loro. *"Ora, però, dobbiamo capire chi è quello uscito dalla Cuormontagna..."*

Il suo sguardo si fa intenso mentre continua: *"Perché se c'è una speranza che ci sia anche solo un Cuorepuro vivo, dobbiamo assolutamente trovarlo e condurlo nell'unica città dell'intero universo che può prendersi cura di lui:* **IOTUNOI!"** *Dove chiunque è il benvenuto!*

"Trovato!"

esclama Elle, battendo le ali con entusiasmo da sotto un albero poco distante

Lì, appeso a un ramo, c'è il *Cuorepuro in tutta la sua bellissima follia.* Il piccolo essere blu si muove con un'energia contagiosa, e prima ancora che qualcuno possa avvicinarsi, grida con tutta la sua voce: "Ciao! Io sono **Poom!**"

E con un salto agile, il peloso Cuorepuro si lancia giù dall'albero, atterrando davanti a loro con **un enorme sorriso.**

*T*ul si volta verso i ragazzi, i bambini, gli elfi e gli animali che lo stanno ascoltando, con un sorriso luminoso sul volto. "Correte, tutti da Poom!" esclama con entusiasmo. "Abbracciatelo forte, tenetelo stretto, e insieme incamminiamoci verso IOTUNOI!"

In un attimo, tutti si muovono verso Poom, avvolgendolo in un grande abbraccio collettivo.

Le risate e la gioia riempiono l'aria mentre, uniti, iniziano il loro viaggio verso IOTUNOI!, portando con loro l'ultimo Cuorepuro e il suo prezioso messaggio d'amore.

*F*ermi tutti! Forse molti di voi non sanno cosa sia **IOTUNOI!** Ora ve lo spiega il vostro amico Tul.

IOTUNOI è una *città magica fondata su una splendida mela gialla,* **dove l'accoglienza e l'inclusione sono i valori più importanti!** *Esiste un libro, cercatelo pure, che racconta come questa incredibile città* "dove chiunque è il benvenuto" *è stata fondata!*

Non potete non leggerlo miei cari amici esploratori del fantastico.

Per tutto il resto non smettete mai di sognare, amare ed essere felici, perché la vita è meravigliosa, ma voi lo siete ancora di più!

Grazie

www.theincagnolis.it

Made in the USA
Monee, IL
20 October 2024